Mer Noire
Mer Caspienne
Méditerranée
Mer Rouge
Mer des Moluques
Mer de Corail
Mer de l'Entente

les cracontes **bilboquet**

Dans la même collection :

Que font les Loups quand ils ne font pas peur aux enfants ?

Que font les Sorcières quand elles ne font pas peur aux enfants ?

Que font les Princesses quand elles n'attendent pas le prince charmant ?

Que fait le Père Noël quand il ne distribue pas de jouets aux enfants ?

Que font les Vampires quand ils n'effraient pas les enfants ?

ISBN 978-2-84181-370-4
Les Cracontes Bilboquet, ISSN 2116-7958

Dépôt légal octobre 2012
Imprimé en Union Européenne en partenariat avec www.alphabook.fr
sur du papier provenant de forêts durablement gérées.

Que font les Pirates quand ils ne pillent pas les trésors ?

Céline Lamour-Crochet · Olivier Daumas

bilboquet

Mer des Caraïbes

Quand ils ne pillent pas les trésors, les pirates ne restent pas tranquillement à parfaire leur bronzage ou à parler de leurs voyages. Diantre non ! Tout d'abord, ils apprennent à reconnaître les vrais trésors car tout ce qui brille n'est pas en or…

OR À TRIBORD CAPITAINE !

Mer Méditerranée

Les pirates choisissent leur bateau avec beaucoup de soin,
car une erreur pourrait être fatale :

- *impossible de rattraper un grand voilier avec un* **CANOË**;
- *à bord d'un* **PETIT BATEAU DE PÊCHE**, *ils pourraient s'empêtrer dans les filets ;*
- *sur une* **PLANCHE À VOILE** *il n'y aurait pas assez de place pour l'équipage ;*
- *un* **BATEAU GONFLABLE** *pourrait se dégonfler à cause des épées et des crochets.*

Le galion remporte donc haut la main la sélection !

Ammenez l'étoupille, hissez le cacatois, fermez les écoutilles et à l'abordage bande de calamars des mers du Sud !!!
GUIDE PRATIQUE D'ATELIER

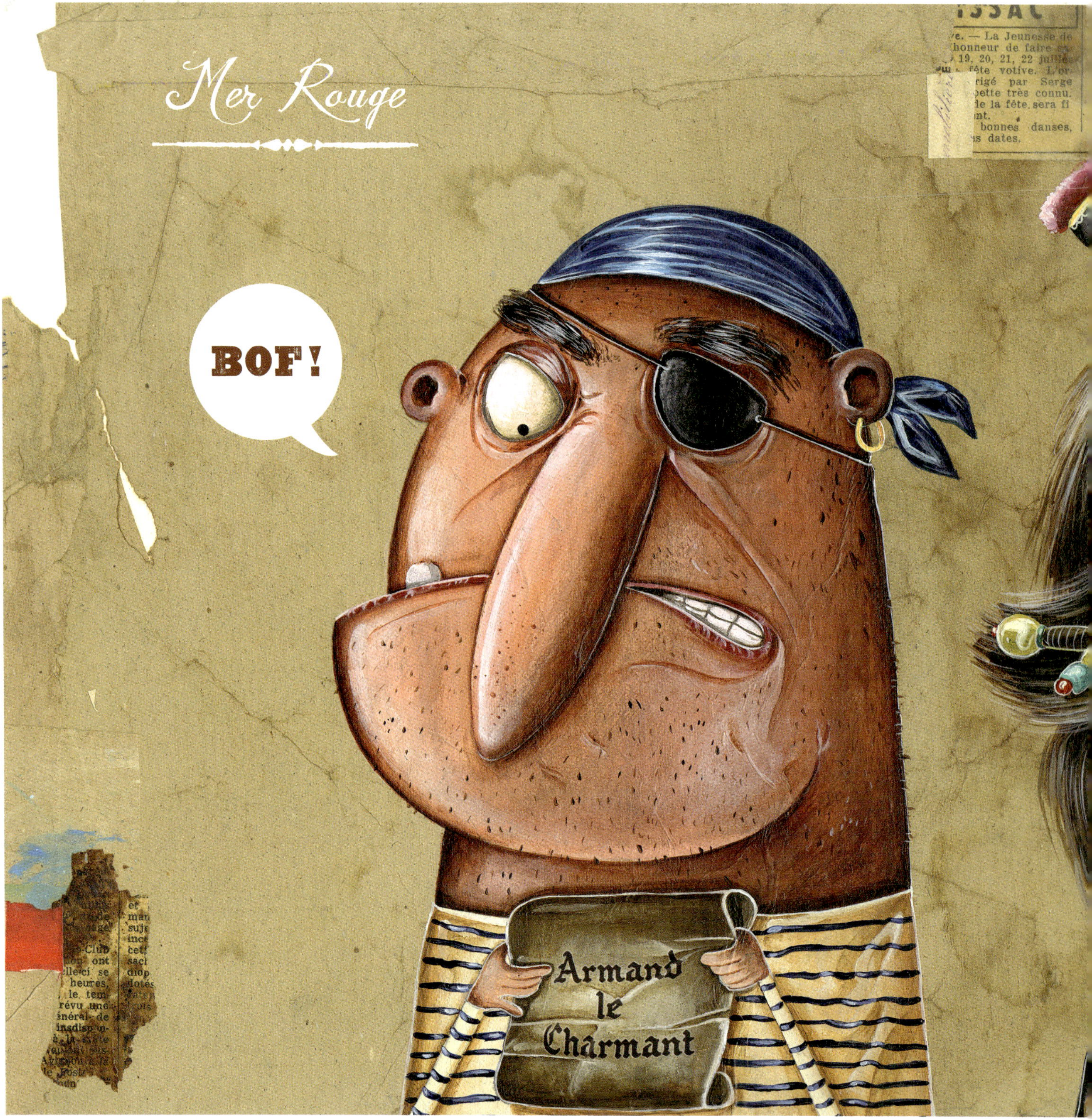
Mer Rouge
BOF !
Armand le Charmant

*Les pirates prennent du temps
pour se trouver un surnom effrayant.
Un pirate ne peut évidemment pas se faire appeler
« Benjamin Petit Caillou des Chemins »,
ni « Armand le Charmant » et encore moins
« Doudou le Tout Doux ».
Leur surnom est sélectionné parmi une longue liste
dans laquelle nous trouvons par exemple :
« le terrible Barbe Brune »,
« le redoutable Jack » ou encore
« le sanguinaire capitaine Erik le Rouge ».*

Mer des Baleáres
Et que ça brille nom d'une bernicle!

Quand ils n'attaquent pas les autres bateaux, les pirates nettoient leur navire de haut en bas et de bas en haut. Ils astiquent soigneusement chaque centimètre du vaisseau. Le capitaine vérifie ensuite que cela brille : il doit voir son reflet dans chaque écoutille... Eh oui, les pirates sont de parfaites petites ménagères derrière leur air sanguinaire !

Manche
Chuuut !
MOUARF !

Quel est le sombre
cornichon qui a pris
mon caleçon long ?

Voici un secret qu'il ne faut pas répéter sous peine de les vexer : les pirates savent raccommoder. Si si c'est vrai : il faut bien réparer les voiles quand celles-ci sont entièrement déchirées.
Les pirates sont donc aussi habiles avec un fil et une aiguille que les plus couturières des mamies.
Quoi ? vous avez du mal à imaginer le célèbre Capitaine Crochet reprisant ses chaussettes, son slip et son pantalon ?!

Mer Noire

*C'est ici que les pirates se fabriquent leur cache-œil.
Vous croyiez vraiment qu'ils étaient tous borgnes ? Non ! il s'agit juste d'un déguisement pour avoir l'air plus effrayant.
Cela peut être utile quand même d'avoir deux yeux !*

GNEK!

Mer des Moluques

Choisir le bon oiseau est primordial pour un pirate. Voyons un peu : une poule peut être utile pour manger de bons œufs, mais en dehors de ça, une poule, c'est un peu ennuyeux. Un flamand rose ? Ça ne veut pas dire grand-chose. Un dindon ? vous l'imagineriez sur les épaules d'un moussaillon ?! Un canari ? On le trouverait bien trop riquiqui ! Non, seul un perroquet peut vraiment faire de l'effet, surtout s'il connaît de beaux jurons comme : PIRATE D'EAU DOUCE ! **Tonnerre de Brest !** *ou encore* **Cornichon des mers !**

La poule... Non !
Le flamand rose...
Non !
Le dindon...
Encore moins !
Pfuuuu !... Un canari ?
Et pourquoi pas une
mouche ?

1,2,3... pirates !

Mer de Corail

Les pirates sont des nageurs expérimentés. Effectivement, s'ils envisageaient d'aborder un adversaire avec des bouées canards et des brassards, ils ne seraient pas très à l'aise pour se déplacer… et surtout pas du tout discrets !

Mer du Nord

Les pirates se doivent d'avoir
un look de forban quel que soit le temps.
Tant pis pour le parapluie ou le ciré en cas de pluie !
Et pourquoi pas une chemise de nuit tant qu'on y est ?!

Oh !
mon bateau
oh,oh,ooooh...
Tu es le plus
beau des
bateaux !

Mer Caspienne
J'ai comme l'impression qu'on se moque de nous Jack !
Sur les bateaux, aucun confort n'est permis ! Nous sommes bien loin d'un hôtel trois étoiles : dormir entassés à fond de cale dans des hamacs, vous parlez d'une croisière confortable ! Les pirates n'ont pas la possibilité d'avoir un seul petit moment d'intimité...

Tu crois ?

Bouh !

Mer de l'Entente

Les pirates, même s'ils aiment la liberté,
doivent respecter leur capitaine bien-aimé.
Dans le cas contraire, ils sont débarqués sur une
île isolée où ils doivent apprendre à se débrouiller :
comme Robinson Crusoë, sans console ni télé !
Rien que d'y songer, les pirates sont terrifiés...

Bizarre cette île !
Mhhhh ! Pas fastoche !

Retour à terre

Quand les pirates ont enfin volé un fabuleux trésor,
ils l'enterrent sur un îlot désert.
Pour le récupérer, ils tracent avec soin une carte détaillée.
Attention à ne pas l'égarer... sinon il faudrait tout recommencer !

L'île de la Tortue :

Cette île existe réellement dans la mer des Caraïbes. Elle fut appelée ainsi par Christophe Colomb car elle a une forme de tortue. Elle a été le repaire des pirates et des corsaires pendant de très nombreuses années. Un fort y a été construit, le Fort de la Roche. Celui-ci pouvait abriter plusieurs centaines de personnes et était protégé par 24 canons.

Pirates et corsaires :

Il ne faut pas confondre pirates et corsaires. Les pirates sont de bandits qui agissent pour leur propre compte alors que les corsaires attaquent sur ordre du roi.

Les conditions de vie à bord des navires de pirates étaient très rudes :

- le capitaine faisait régner l'ordre en étant très sévère et punissait ses matelots à l'aide d'un fouet si nécessaire ;
- la nourriture n'était pas copieuse et les rats proliféraient sur le bateau ;
- l'hygiène était quasi inexistante. Il n'y avait que très peu d'eau potable à bord et pas de douches ni de lessives !